HF451789

EXPLICATION
DU TABLEAU

INTITULÉ

SAPIENTIA GENERALIS

PAR D. R.

D'APRÈS LE SYSTÈME DU R. P. S.

Cet ouvrage indique
la manière de suivre l'examen systématique dudit tableau,
de faire comprendre les emblèmes qu'il présente,
la traduction de toutes les inscriptions qu'il renferme.
Ainsi l'explication se termine
avec l'essor de l'esprit pour s'élever des créatures,
et pour aller, par Jésus-Christ, se reposer
en Dieu.

Dédié aux fidèles Chrétiens.

PARIS,

CHEZ L'AUTEUR, 18, BOULEVARD SAINT-MARTIN.

1844.

EXPLICATION

DU TABLEAU

INTITULÉ

SAPIENTIA GENERALIS

PAR D. R.

D'APRÈS LE SYSTÈME DU R. P. S.

Cet ouvrage indique
la manière de suivre l'examen systématique dudit tableau,
de faire comprendre les emblèmes qu'il présente,
la traduction de toutes les inscriptions qu'il renferme.
Ainsi l'explication se termine
avec l'essor de l'esprit pour s'élever des créatures,
et pour aller, par Jésus-Christ, se reposer
en Dieu.

Dédié aux fidèles Chrétiens.

PARIS,

CHEZ L'AUTEUR, 18, BOULEVARD SAINT-MARTIN.

1844.

SÈVRES, IMPRIMERIE DE M. CERF, 144, RUE ROYALE.

AVANT-PROPOS.

L'avenir ! tel est l'objet constant vers lequel est attirée, par une puissance irrésistible, l'attention de tous les hommes sérieux ; c'est le but auquel tendent sans cesse ces réformes philosophiques qui apparaissent à chaque instant à l'horizon du monde intellectuel. Déjà nous avons vu bien des systèmes surgir, grandir quelquefois, puis ensuite décroître et disparaître comme ces brillants météores qui s'élèvent dans les cieux, puis après avoir rayonné des lueurs les plus splendides, s'éclipsent pour faire place à d'autres destinés à subir le même sort. Destin bizarre des choses de la terre! Et nous cependant, nous nous livrons à l'espérance, portés que nous sommes à avoir toujours confiance dans l'avenir et dans ses riantes promesses.

La philosophie a cela de particulier que, résumant en elle toutes les conceptions de l'homme par rapport à ce qui existe dans l'un et l'autre monde, elle cherche à en donner le dernier mot; son but est un but tout providentiel. Cependant, est-elle parvenue au résultat de la mission qu'elle s'efforce d'accomplir depuis tant de siècles? Demandez-le à l'Inde et à ses sages; —demandez-le à l'Egypte et à ses sacrés colléges; — demandez-le à la Grèce, à Rome, au Moyen-Age enfin, à cette longue période si remplie de mystères.

Depuis son origine, elle est toujours *elle;* c'est-à-dire que tendant sans cesse vers sa fin nécessaire, elle a été entravée dans son apostolat providentiel par l'imperfection de la faible humanité.

Depuis Socrate, prenant pour point de départ l'homme lui-même, et sans cesse découragée par l'inutilité de ses conceptions décevantes de la veille, elle a soumis à l'examen ses propres facultés; elle a ouillé dans le fond de son essence intime, elle a analysé ses puissantes révélations. Et à quel résultat est-elle parvenue? à la conscience affreuse de son impuissance, à un profond découragement; et cepen-

dant, vous le savez, ses fins sur la terre étaient divi-
nes : c'était la destruction de l'amour du moi exclusif
par l'amour du moi universel, c'était la morale et ses
divins enseignements. Elle n'a rien trouvé ! non,
rien... que le scepticisme et ses doctrines, et ses
théories, et leurs conséquences fatales. Voilà tout
ce qu'elle a trouvé ! Quelques-uns de ses docteurs,
cependant (et ceux-ci appartiennent exclusivement
à ce Moyen-Age qui nous a produits) quelques-uns de
ses docteurs, animés qu'ils étaient de l'esprit du maître, de l'esprit qui crée et qui vivifie, interrogèrent
la révélation, et ils crurent entendre retentir la
vérité pour la première fois. Ils crurent que, dans la
contemplation de l'être infini, absolu, qui s'était
révélé dans le maître, ils pouvaient puiser la vérité
de la vie présente, de la vie future, et des sciences qui
les unissent. Ils se posèrent dans l'infini; mais ils s'é-
garèrent, et, vous le savez, les doctrines mystiques
du gnosticisme et de leurs derniers héritiers n'eurent
qu'un seul jour d'éclat ; les siècles firent un pas, et
la Gnose disparut. Les cloîtres élaborèrent leurs
systèmes; mais comme ils prirent, eux aussi, la contemplation de l'infini pour base de leurs élucubra-
tions, ils retombèrent dans les conceptions anté-
rieurement condamnées dans la Gnose. C'est ains
que marche l'humanité; sa carrière est une circonférence de cercle ; elle tourne sans cesse; elle croit
progresser, et son progrès n'est qu'un progrès
fictif. L'humanité pourrait prendre pour emblème le

serpent cyclique des Mexicains, qui se mord la queue, ou bien encore le Phénix qui meurt dans les flammes pour renaître de ses propres cendres. Oui, ces emblèmes sont bien choisis pour retracer à la pensée humaine le tableau véridique de ses conquêtes sur ce qu'elle appelle dédaigneusement les ténèbres et la barbarie des siècles passés.

La philosophie crut donc que la religion seule recélait la connaissance universelle; ou, pour me servir de l'expression commune, que son but était la science, la sagesse universelle SAPIENTIA GE-NERALIS. C'est, suivant l'aveu de Thomas d'Aquin, au pied de la croix qu'il puisait ces doctrines magnifiques qui étonnèrent le monde.

Vers la fin du XVIIe siècle, du sein d'un cloître, le R. P. Sabathier, lui aussi, croyait que la contemplation de l'Absolu qu'il personnifiait en Jésus-Christ mort sur la croix, pourrait donner le dernier mot de la science humaine, et par conséquent sur sa fin dernière. Son système, dernier reflet des doctrines mystiques de Gnosticisme, et plus tard de la philosophie de Majary, était une dernière émanation du système ascétique que les siècles antérieurs avaient vu fleurir. Quel devait être le point de départ de Sabathier? Devait-il à l'exemple d'Erigène Scot, pour citer un nom, devait-il évoquer les doctrines de l'Inde et de ses Théosophes? Non, ce n'était point là qu'il devait chercher des principes ; c'était dans la *Bible* et dans le système interpréta-

tif traditionnel de l'exégèse judaïque. La Judée, en
effet, était le point de départ de toutes les doctrines
religieuses du monde moderne ; mais tout en em-
brassant les idées, il devait repousser les préten-
tions. En effet, dans la société religieuse actuelle,
le Jud..ïsme et ses adeptes avaient des droits incon-
testables, non à la suprématie, mais au partage
égal des droits du citoyen. Pendant longtemps, le
Judaïsme a été repoussé, car l'intolérance préside
à toutes les œuvres humaines; la civilisation seule
est capable d'y porter un remède salutaire. Ce que
le Judaïsme et ses sectateurs ont souffert, c'est-à-
dire l'ilotisme politique et religieux, aujourd'hui les
chrétiens se l'infligent à eux-mêmes. La famille
chrétienne s'est désunie, le pacte n'existe plus et
ses membres refusent de se connaître. Dans quelques contrées, les droits imprescriptibles du citoyen,
de l'homme libre, sont refusés à quiconque ne professe pas la doctrine de Calvin. Insensés que nous
sommes, qui ne voyons pas que c'est toujours l'Etre
absolu que nous vénérons, soit que nous l'appelions
par un nom, soit que nous l'appelions par un autre:
le *Moloch* des Philistins, c'est bien le Roi de l'Univers, comme le *Théos* des Grecs, cet être qui par-
court l'espace pour le gouverner; l'*Allah* des sectateurs de l'Islamisme, n'est-il pas encore le même ?
vers quelle fin tendent donc ces rigueurs insensées
qui ne sauraient rien prouver en faveur d'une doctrine passagère ?

Le père Sabathier avait donc eu raison de prendre
pour base de son système cette union mystique qui
lie les sciences à l'Absolu, la religion chrétienne au
Judaïsme; les colléges sacerdotaux ont beau pro-
tester contre cette manière de juger les faits accom-
plis ; les lois de la famille et du sang ne seront pas
pas toujours méconnues. La liberté, ce droit de
l'humanité, et ses conséquences ne seront pas toujours deniées là aux Juifs, là au Catholiques, là aux
Protestants, etc.

Le siècle vers lequel nous tendons doit être le
siècle de la liberté de conscience et de la promul-
gation des droits égaux de toutes les nations à la
souveraineté universelle. Proposons-nous cette
question : lorsque quelques jeunes disciples aban-
donnent leur école primaire pour passer dans une
autre, deviennent-ils pour cela les ennemis de leurs
anciens camarades? Eh bien! pourquoi les Chrétiens,
en se détachant de l'école juive, déclarent-ils la
guerre à leurs anciens condisciples? Pourquoi les
Protestants en se séparant de l'église catholique
romaine, conçoivent-ils une haine plus violente encore contre le Judaïsme et contre les Catholiques ?
Il n'existe donc pas une égalité naturelle pour tous
les hommes sortis des mains du même Créateur?
L'homme qui professe une religion est-il donc pour
cela d'une autre nature, d'une autre essence que
les frères qui suivent une autre religion ? N'est-il
pas soumis aux mêmes lois naturelles par sa NAIS-

SANCE, par son EXISTENCE et par sa MORT ? Aucun doute ne peut s'élever sur ce point : l'homme une fois sorti du sein de sa mère, Dieu lui communique le même souffle de vie par lequel il a vivifié le premier homme ; son existence est la même, et en quittant ce souffle de vie, c'est la même terre qui le reçoit et conserve ses cendres. Cette vérité, personne ne peut la nier. Il est donc bien vrai que les lois régissant la NAISSANCE, L'EXISTENCE et la MORT sont identiques pour toutes les nations. Soyons persuadés que, de même, la *religion* et les *croyances* sont aussi égales pour tous, et nous en aurons la preuve si nous réfléchissons que l'univers se divise en deux parties, l'une SPIRITUELLE ou *céleste*, la seconde, MATÉRIELLE ou *terrestre*. La première est la demeure de la Divinité, ce vaste espace est rempli de l'Esprit-Saint, tout ce qui nous parvient de là, c'est l'Esprit-Saint qui nous l'inspire ; on ne peut pas dire : — il y a évidence ; néanmoins on y croit ; la base de la religion, c'est la croyance, c'est la foi. Pour tout ce qui tient au monde matériel, au contraire, il y a évidence, le mot foi n'est plus applicable. Eh bien ! puisque la foi a la même source pour tous, les croyances sont égales pour tous. Les usages matériels pourront varier comme il plaira à chaque nation ; leur but se rapportera toujours à des croyances d'une source commune. Eh ! faut-il donc, parce que l'église, les cérémonies, les usages sont différents, que les familles soient divisées, qu'elles vivent en dissension, qu'elles s'acharnent les unes contre les autres? Et comment pourrions-nous nous justifier devant le grand Juge, créateur de l'univers qui nous conserve tous également.

La France la première n'a pas voulu encourir ce blâme d'injustice ; elle a proclamé par sa constitution LIBERTÉ, ÉGALITÉ pour tous les cultes. En France, la loi civile est égale pour tous; le mérite d'un citoyen est reconnu et recompensé sans distinction de culte. Les visites dans les maisons saintes sont autorisées et bien vues de la part de chacun sans exception, quels que soient les rits que l'on y pratique. Chacun est libre de choisir les pratiques qui lui plaisent le plus, aucun obstacle n'est mis maintenant dans de semblables affaires; les alliances par mariage s'étendent de jour en jour, et les familles de deux différents cultes, célèbrent amicalement les fêtes de l'union de leurs enfants.

Mais nous n'en finirions pas si nous voulions développer les immenses avantages des belles constitutions et institutions du gouvernement de la France. Qu'il nous soit permis d'ajouter seulement que le résultat de cette égalité est une garantie pour la sûreté et le repos du royaume ; car tous les citoyens sont fidèles à leur pays et amis de leurs concitoyens, sans distinction de culte; bourgeois, gardes nationaux, militaires de tout culte ; se dévouent pour défendre leur patrie avec courage, il n'y a plus de haine religieuse en général , et si l'on voit encore quelques petites inimitiés, ce n'est que dans les dernières classes de la société, et l'on peut presque toujours en trouver la cause dans quelques jalousies commerciales.

Les gouvernements de la *Belgique,* la *Hollande,* la *Hongrie*, suivent le même système , Israélites, Chrétiens de toutes les sectes, y jouissent d'une liberté égale.

En *Angleterre,* la liberté est presque la même. La différence qui existe encore , se rapporte à la garantie de la religion adoptée par le gouvernement.

Espérons que ce système, qui s'allie si bien avec celui du R. P. Sabathier, se répandra bientôt partout, qu'un jour toutes les distinctions de culte disparaîtront complètement de la surface de la terre, et que la liberté de conscience et l'égalité des droits brilleront d'un éclat inaltérable. Oui, voilà l'objet de nos vœux les plus ardents, puisse le Dieu tout-puissant daigner permettre qu'ils s'accomplissent bientôt.

D. R.

EXPLICATION

DU TABLEAU

INTITULÉ

SAPIENTIA GENERALIS.

INTRODUCTION.

Ce tableau est l'idée d'une science universelle et générale à laquelle on peu rapporter toutes les sciences par un enchaînement de matières, et par une uniformité de principes, de régles et de méthodes applicables à chacune en particulier.

Pour marcher d'une manière directe et systématique dans tout l'ensemble de ce tableau, il faut commencer, 1° par la BORDURE, 2° par le MILIEU qui est éclairé par les rayons d'un soleil, au milieu desquels on aperçoit un Christ sur la croix, 3° des CERCLES, on voit ensuite plusieurs cercles remplis des figures et d'écritures qui environnent ce milieu : enfin il faut terminer par une multitude de rayons qui semblent composer une couronne de lumière, entourant les cercles. La suite nous apprendra tous les détails.

DE LA BORDURE.

D'après l'harmonie qui existe entre les hommes du siècle, nous avons cru bien faire en trouvant un moyen d'ouvrir l'entrée de cette science à tous les chrétiens, sans exception d'Eglises ou de Temples. Le but de notre travail est d'éclairer toutes les nations, Grecque, Romaine Catholique, Protestante, et les autres branches du Christianisme qui toutes ont pour principe une Sainte-Trinité ; pour cela nous avons employé une bordure composée des emblêmes originaux que nous présente la nature, et qu'aucun esprit de contradiction ne peut repousser. L'esprit mystique se perd dans les traditions cabalistiques et dans la mythologie des autres peuples de la haute antiquité ; et même si nous réfléchissons profondément comment les Indiens, les Egyptiens, etc., ont pénétré dans la même pensée (c'est-à-dire la pensée d'une trinité naturelle), l'origine se fonde toujours sur ce point, et puisque cette vérité ne peut se nier, nous commençons par placer sur notre bordure quatre emblêmes principaux reconnus par toutes les nations, ce sont le MONDE CÉLESTE, le MONDE TERRESTRE, les CRÉATIONS et le SOLEIL.

Au sommet de la borbure, se présente le CIEL, séjour la DIVINITÉ que nous désignons par la lettre hébraïque ׳ Jod qui nous occupe le centre. (Voy. CORNELIUS AGRIPPA, DE OCCULTA PHIL. *lib.* II *c.* IV *de unite et ejus scala. Jod nomen simplicissima littera expressum divin.*) De l'Etre suprême découle le Saint-Esprit, influence de miséricorde sur le monde terrestre. En un mot, Dieu est le Père universel, nous avons exprimé cette pensée par une tête vénérable.

Au bas de la bordure, on voit la TERRE qui anime l'Esprit saint ; elle produit et nourrit les êtres vivants, elle est considérée comme la Mère universelle. Les Cabalistes se servent bien souvent dans leur langage de Père, de Mère, nous représentons ce symbole par une femme, les mains levées vers le ciel.

Au côté gauche de la bordure figurent les produits de la création de nos père et mère, on voit un enfant innocent, etc.

Le résultat de ces trois emblêmes nous apprend à connaître un PÈRE universel, une MÈRE universelle, et leurs PRODUCTIONS. Voilà une trinité éternelle.

Au côté droit, nous avons tracé le soleil qui donne la fécondation à la Terre; par son mouvement annuel, il produit deux effets différents, en descendant il meurt pour la nature, en montant il renaît pour elle, l'époque de cette naissance, est le 21 décembre.

Les Egyptiens ont célébré cette naissance du soleil par une procession très-pompeuse en l'honneur de la déesse ISIS, mère de nature, le 25 décembre.

Les Israélites célèbrent tous les ans, le 15 de leur mois SCHEBAT à l'époque de la pleine lune, une espèce de fête semblable, qui s'appelle chez eux CHAMISCHE ASAR BESCHEBAT (*au Roschhaschana le Illanoth*), qui veut dire jour de l'an pour les plantes. Il est facile de comprendre que la mère universelle est dans l'état d'une conception, c'est-à-dire, la terre qui ayant été éloignée du soleil, reprend l'Esprit-Saint de la providence Divine par les rayons du soleil, et qui fait renaître les racines, et germer les nouvelles semences.

Les fidèles Chrétiens célèbrent le 25 décembre la fête de Noël, en commémoration de la naissance de Jésus-Christ, trois jours après la naissance du Soleil. Ainsi tous les hommes illustres sont comparés au Soleil par leur grande lumière, qui a éclaté dans le monde.

Pour atteindre notre but, nous avons mis à côté du ciel les quatre éléments; à côté de la terre les quatre saisons;

à côté du soleil les sept planètes connues des anciens, et les comètes découvertes dans les temps modernes; et au côté opposé les 12 signes du zodiaque. Il est connu, en gé néral, quels grands rôles ont toujours joué les nombres 3, 4, 7 et 12 dans les religions.

Aux quatre coins de la Bordure, nous avons dessiné quatre bâtiments saints, au côté droit, au bas du tableau est représenté le temple sacré des Israélites avec l'inscription *Père Mère et Création*.

Au haut du tableau et à gauche, une pagode sacrée pou, les Indiens, avec l'inscription *Brama, Chiven* et *Vichenou*.

Au bas du tableau, du même côté, un temple d'Isis, qui porte l'inscription *Isis, Osiris* et *Horus*.

Au même côté opposé, dans le haut, se voit la maison sainte des Chrétiens portant l'inscription *Père*, *Fils* et *Saint-Esprit ;* c'est la vraie Sainte-Trinité actuelle, adoptée par les fidèles. Chrétiens, voilà la signification de la Bordure : passons outre.

DE L'INTÉRIEUR

DU CENTRE.

Après l'explication ici donnée sur la Bordure, et que nous avons adoptée, nous passons à l'explication des emblêmes intérieurs du tableau, et nous commencerons par celui du CENTRE, où l'on voit un rond noir avec l'inscription en lettres blanches : UNIVERSITAS CONFUSA, nous expliquons tout cela d'après les idées du P. Sabbathier et nous continuerons à faire connaître et à développer les idées dudit auteur sur *Jésus crucifié*, pour sanctifier par ses lumières et sa conduite, les études et les personnes, et afin d'en composer ce système universel qui, sous ses trois faces différentes, nous représente :

L'Univers CONFUS   dans sa GÉNÉRALITÉ comme une NUIT OBSCURE
L'Univers COMPLIQUÉ dans   JÉSUS   comme une AURORE NAISSANTE
L'Univers EXPLIQUÉ dans ses PARTIES comme un   JOUR ÉCLATANT

Le rond noir placé au milieu du tableau représente la *Nuit* dans un silence éternel pour ceux qui la considèrent, et il ne leur présente, de toute part, que l'abîme impénétrable d'une profonde obscurité.

Puis le cercle blanc qui environne le noir représente l'*univers expliqué* dans un jour éclatant, et qui éblouit par sa trop grande splendeur la faiblesse de notre vue ; nos yeux en sortant des ténèbres ne peuvent supporter tout d'un coup une si grande clarté, sans auparavant s'y être accoutumé peu à peu, et sans s'y être insensiblement fortifié par une plus douce lumière.

JÉSUS-CHRIST SUR SA CROIX.

Jésus-Christ sur sa croix avec l'intention de l'invoquer par ce mot (APERI, *ouvrez*) qui se trouve sur la croix, on parvient au but que l'on se proposait : *car c'est de lui, par lui et en lui* que sont toutes choses, c'est lui qui possède les trésors de la sagesse, c'est lui qui tient la clef de la science pour l'ouvrir et la fermer à son gré, sans qu'aucun autre puisse ouvrir ou fermer : voilà l'univers COMPLIQUÉ en Jésus-Christ crucifié qui paraît comme dans son aurore. Sur sa poitrine et autour de son corps rayonnent les quatre points cardinaux de la croix dans cet ordre : 1° Le mot DIRECTIO au-dessus de sa tête ; 2° sur la + à côté de sa main droite le mot CONSTITUTIO ; 3° la DISTRIBUTIO à sa main gauche ; et 4° la RÉUNION de ses Pieds. L'univers paraît sur sa poitrine, comme dans le centre de toute la complication.

1. La DIRECTION à sa tête : comme étant la source des

lumières, car il est lui-même la vraie lumière qui éclaire tout ce qui est dans le monde.

2. La CONSTITUTION à sa droite et qui marque par ses cinq doigts.

3. La DISTRIBUTION à sa gauche : autant d'ordres de raisons constitutives, autant de classes ou de catégories des choses.

4. La RÉUNION de ses Pieds, ces derniers sont joints ensemble par un clou, pour nous figurer par leurs dix doigts, ainsi réunis, les dix ligaments qui maintiennent toutes les choses dans l'unité, pour la conservation de l'Univers. Enfin, c'est en portant toute son attention dans cet abîme de ténèbres pour les analyser, que l'on peut en dissiper la nuit et faire naître quelque jour dans cet univers. La foi en Jésus-Christ, (foi qui ne conseille jamais rien de mal), persuade facilement au chrétien que dans la recherche des choses, c'est un bonheur pour la Raison d'être précédée du flambeau de cette même foi, pour lui découvrir la vérité; c'est à cette foi divine que je dus l'inspiration de dresser sur les quatre points cardinaux de la croix, cette explication toute chrétienne de l'Univers et de ses parties constitutives, et c'est à ce but que tendent la composition et la distribution de ce système, qui ne sont que pour développer ces quatre points, suivant l'idée de l'auteur sur Jésus crucifié.

JÉSUS-CHRIST ET LES LOIS NOUS SONT PRÉSENTÉS.

I. La *Direction* de l'univers par le moyen des lumières qui sont :

A. L'image de Jésus-Christ souffrant, car il est lui seul la véritable règle de toute notre conduite.

B. Ces grands rayons qui sortent des extrémités de la figure s'avancent davantage en dehors pour porter plus loin l'éclat des lois et des maximes de la sagesse qu'ils renferment avec leurs symboles; nous en parlerons en détail plus commodément ailleurs.

II   La *Constitution* de l'univers, établie par ces cinq ordres de raisons qui sont : 1° L'*hypostatique ;* 2° le *séminal ;* 3° l'*instruction ;* 4° l'*actuatif ;* et 5° le *statif.*

DU TRIANGLE

Il nous est désigné par les figures particulières qui suivent, et dont la 1re est ce *triangle* marqué par des lignes croisées qui environnent ce globe ténébreux, noir au milieu, et qui présente la *terre*, renferme l'ordre *hypostatique* des raisons constitutives qui sont exprimées à chaque coin du triangle par ces trois mots :

ACTIVITAS,   PASSIVITAS,   VINCULUM.
L'activité,   passibilité,   liaison.

Dans la 2e, sont ces trois grands CARRÉS sortant du triangle d'une, qui contiennent l'ordre séminal des raisons constitutives, dont les trois principales, marchant chacune à la tête de son carré, sont suivies de trois absolues, et d'autant de relatives, et poursuivies aussi des trois principes de destruction, qui rôdent continuellement autour de ces trois carrés pour y entrer de force, ou par surprise, et ruiner ensuite la constitution. Voyez les tables suivantes :

TABLE DES RAISONS SÉMINALES EN TROIS RANGS.

(Chaque rang présente un carré qui est attaché à une branche qui sort du triangle, c'est-à-dire, les inscriptions dans les rangs se trouvent inscrites dans les carrés indiqués alphabétiquement.

La lettre A de cette table se trouve, sur le dessin, dans la branche droite qui sort du triangle avec le mot *Unitas*. Lettre B, dans la branche gauche, avec le mot *Veritas*; et la lettre C, dans la branche qui descend par le bas, avec le mot *Bonitas*; ainsi la lettre D dans le carré droit même, E dans le carré gauche, et F, dans le carré par le bas. Les lettres Y Z etc., etc., sont entourées extérieurement de carrés. *Voy.* cette table.

RAISONS

INITIALES. CARRÉ DROIT.		MOYENNES. CARRÉ GAUCHE.		FINALES. CARRÉ PAR LE BAS.		RAISONS
A *Unitas*	l'Unité	B *Veritas*	la Vérité	C *Bonitas*	la Bonté	**Raisons absolues**
D *Potestas*	la Puissance	E *Sapientia*	la Sagesse	F *Voluntas*	la Volonté	Objectives
G *Virtus*	la Vertu	H *Operatio*	l'Opération	I *Gloria*	la Gloire	Potentielles
K *Magnitudo*	la Grandeur	L *Duratio*	la Durée	M *Perfectio*	la Perfection	Actuelles
N *Differentia*	la Différence	O *Aequalitas*	l'Égalité	P *Concordantia*	Convenance	Complétives
Q *Principium*	le Principe	R *Medium*	le Milieu	S *Finis*	la Fin	**Raisons relatives**
T *Necessitas*	la Nécessité	U *Ordo*	l'Ordre	X *Harmonia*	l'Harmonie	Stationnelles
Y *Excessus*	l'Excès	Z *Defectus*	le Défaut	& *Contrarietas*	la Contrariété	Malignes

La région de l'air renferme l'ordre *instructif* des raisons *constitutives*, dont les douze grands rayons droits du milieu, portent chacun à son point un signe du zodiaque. Cette région de l'air est entourée par un polygone de douze coins, dans lequel se trouve indiquée toute la table suivante. On voit ce régime entouré par les mots *rationalitas, possibilitas*. Ainsi on commence par le coin du milieu qui est couvert par la croix qui laisse apercevoir au dessus le Bélier, on voit le chiffre I avec le mot QUIDDITAS en lettres majuscules aux deux côtés de la croix, et, aux deux côtés de ce mot, on trouve **A** *Absoluta* et **B** *Respectiva*, sur les côtés de la partie inférieure du corps de Jésus-Christ le chiffre 2 se trouve au coin que fait le Taureau. Voy. le mot majuscule ORIGINALITAS accompagné de **C** *Primitiva* et **D** *Derivativa*, suivez le tour du dessin, région de l'air, d'après cette table.

TABLE

DES RAISONS SÉMINALES POSSIBLES.

♈	1	A *Absoluta* QUIDDITAS B *Respectiva*	Absolue la Quiddité Relative
♉	2	C *Primitiva* ORIGINALITAS D *Derivativa*	Primitive l'Origine Dérilive
♊	3	E *Idealis* RESPECTUS F *Possessiva*	Idéal le Rapport la Possession
♋	4	G *Completiva* MATERIALITAS H *Compositiva*	le Complément la Matérialité de Composition
♌	5	I *Essentialis* FORMALITAS K *Accidentaria*	Essentielle la Formalité Accidentelle
♍	6	L *Ultima* FINALITAS M *Media*	Dernière la Finalité Moyenne

		Latin	Français
		N *Continua*	Continue
⚊	7	QUANTITAS	la Quantité
		O *Discreta*	Discrète
♏		H *Innata*	Naturelle
	8	QUALITAS	la Qualité
		Q *Adventitia*	Empruntée
↦		R *Interna*	Interne
	9	TEMPORALITAS	le Temps
		S *Externa*	Externe
♐		T *Intrinseca*	Intérieur
	10	LOCALITAS	le Lieu
		U *Extrinseca*	Extérieur
♒		X *Substantialis*	Substantielle
	11	MODALITAS	la Manière
		Y *Accidentalis*	Accidentelle
♓		Z *Præsentalis*	de Présence
	12	CONCOMITATIO	l'Accompagnement
		& *Auxiliaris*	de Secours

RÉGION DE L'AIR

(EXTÉRIEUREMENT.)

L'extérieur de la dite région est la sphère du *Feu* qui contient l'ordre des raisons *constitutives*, cet endroit est marqué par des petites lignes irrégulières et l'inscription ESSENTIA, EXISTENTIA, SUBSTANTIA.

HORS DES RAYONS

QUI PORTENT LES SIGNES DU ZODIAQUE, EST LE CIEL MARQUÉ PAR DES LIGNES

HORIZONTALES

L'extérieur du Soleil est le Ciel qui, dans son étendue, comprend tout l'ordre sciatif. On trouve en gros caractères, qui sont placés entre les signes du zodiaque, CONSISTENTIA sous une seule raison constitutive.

III. La *distribution* de l'univers en cinq classes ou catégories, qui sont : 1° Les *états ;* 2° les *conditions* ou attributs : 3° les *mondes ;* 4° les *histoires ;* 5° les *sciences*, est exprimée

par les figures suivantes, dont la première est ce cercle blan-
châtre qui paraît sur la surface ténébreuse de cet abîme, et
qui fait une distribution générale de l'Univers en trois grands
états, savoir :

L'ÊTRE,   qui est l'*Etat suprême*;
JESUS C.   qui est l'*Etat moyen*;
CELUI ,   qui est l'*Etat inférieur*.

Le second est le *Soleil rayonnant*, qui se voit par des
rayons courbes au milieu du Ciel, qui fait une autre distribution générale de l'Univers dans les plus sublimes conditions,
ou attributs de ces trois états tirés et composés des raisons
instructives, les voici dans leur ordre :

DANS LE CORPS DU SOLEIL

SONT LES DISTRIBUTIONS DE DIEU.

Dans le corps du Soleil qui entoure le régime de l'air, sont
entourés les conditions ou attributs de l'*Être* qui est *Dieu*
même, chacun se marque par deux lettres majuscules. Par
exemple : AB, CD, EF ; le premier se trouve près du corps
J. C., le mot est séparé par la figure.

AB *Abyssus essentialitatis*   Un abîme d'essence
CD *Principium* ΑΥΤΟΓΕΝΕΣ   Un principe sans principe,
EF *Dominus Dominantium*   Le Seigneur des Seigneurs,

GH *Spiritualitas abstractissima*   Une spiritualité très-dégagée ,
K *Actus purissimus*   Un acte très-pur,
LM *Actuositas quietissima*   Un acte très-paisible,

NO *Infinitas omnigena*   Une infinité en tout genre
PQ *Identitas ipsissima*   L'identité elle-même,
RS *Æternitas stabilissima*   Une éternité immobile,

TU *Immensitas ubique præsens* Une immensité présente,
XY *Supernalitas altissima*   Une surélévation immortelle,
Z& *Singularitas   universalis-* Une singularité très-universelle
  sima

DANS LES RAYONS DROITS DU SOLEIL.

2° *Dans les Rayons droits,* sont les conditions ou attributs de
Jésus-Christ, qui est le sommaire de toutes choses. Les
voici :

On trouve aux deux côtés de Jésus-Christ :

AB *Deus homo factus* — Dieu fait homme
CD *De cœlo cœlestis, ac de terra terrenus* — Céleste, descendu du ciel
EF *Imago Dei et Virginis filius* — L'image de Dieu et le fils d'une vierge terrestre, formée de la terre
GH *Verbum et Caro* — Verbe et chair
IK *In forma Dei existans et forma servi accepiens* — Ayant la forme de Dieu et prenant celle des serviteurs
LM *Mediator Dei et hominum* — Médiateur entre Dieu et les hommes

On trouve à côté de la branche du triangle par le bas.

NO *Salus animarum et pretium redemptionis* — Le Salut des ames et le prix de leur redemption
PQ *Propheta veritatis et rex justitiæ* — Un Prophète de vérité et un roi de justice
RS *Ante secula genitus et in seculo natus* — Engendré avant les siècles
TU *In cœlo manifestus et in sacramento absconditus* — Découvert dans le ciel, et cependant présent dans la réunion des fidèles

On trouve à côté de la troisième branche

XY *Sacerdos et hostia* — Prêtre et victime
Z& *Unus et omnia* — Un et toutes choses

DANS LES RAYONS ONDOYANTS,

3° *Dans les rayons ondoyants* sont les conditions (attributs) disjonctives de celui qui est l'Etat, ou de l'Être créé qui sont :

A	*Actuale*	Participe	Actuel.
B	*Potentiale*		En puissance.
C	*Naturale*		Naturel.
D	*Artificiale*		Artificiel.
E	*Imaginatum*	Portant	L'image.
F	*Vestigiatum*		Le visage.
G	*Spirituale*		Spirituel.
H	*Materiale*		Matériel.
I	*Substantiale*		Substantiel.
K	*Accidentale*		Accidentel.
L	*Completum*		Complet
M	*Incompletum*		Incomplet.
N	*Plus*		Plus, ou
O	*Minus*		Moins fini.
P	*Simplex*		Simple.
Q	*Compositum*		Composé.
R	*Permanens*		Permanent.
S	*Successivum*		Successif.
T	*Definitum*		Défini.
U	*Circumscriptum*		Circonscrit.
X	*Idem*		De même.
Y	*Diversum*		Différent.
Z	*Universale*		Universel.
&	*Singulare*		Singulier.

Il nous reste encore quelques signes qui se trouvent dans le cercle dont nous parlerons plus tard.

DES CERCLES SUIVANTS.

Nous passons ensuite à l'explication des cercles : Dans le tableau on remarque, après ce que nous venons de dire, trois cercles séparés par des chapelets; on distingue chaque cercle par son chapelet de deux manières, soit par la couleur du chapelet (si le tableau est colorié), autrement.le chapelet se distingue par les lettres majuscules qui se trouvent dans les petites perles rondes de chaque chapelet, et les cercles se distinguent par les figures qu'ils renferment. Voilà l'instruction pour trouver dans le dessin :

Le 1ᵉʳ chapelet porte seulement une lettre majuscule dans chaque petite perle ronde A, B, C, etc. La couleur est verte. Le cercle qui entoure ledit chapelet renferme trois *ovales*, et entre eux des triangles remplis d'emblèmes.

Le 2ᵉ chapelet porte deux lettres majuscules AB, BC, CD, etc., où par la couleur rouge, le cercle qui le suit est reconnaissable par trois figures losanges, et les autres sont carrées.

Le 3ᵉ chapelet porte trois lettres majuscules dans les petites perles rondes $\frac{A}{BC}$, $\frac{B}{CD}$, $\frac{C}{DE}$, etc., où, par la couleur d'or, le cercle se distingue par trois soleils, dans chacun on voit une lettre hébraïque, א, ב, ג, et entre eux des bandes, les petites perles ovales, qui se trouvent dans chaque chapelet entre les petites perles rondes, sont remplies d'écritures qui font une distribution spéciale de l'univers en trois différents mondes :

1º Le monde NATUREL ou PHYSIQUE.
2º   »   MORAL   » CHRÉTIEN.
3º   »   DIVIN   » THÉOLOGIQUE.

CERCLE RENFERMANT OVALES ET TRIANGLES.

Ces cercles présentent le monde *naturel* ; on aperçoit dedans trois ovales que l'on doit considérer comme les principes, parce qu'ils concernent les principes du monde *physique*, ses familles dans les triangles, et leurs défauts, leurs opposés, dans les intervalles.

Voici les principes du monde physique renfermés dans les trois ovales, le premier est à côté à droite du tableau. On voit sur la bande de tour des ovales marqués de la lettre A, ainsi :

1	A	*MATERIA*	la Matière ou la Nature passive.
2	B	*FORMA*	la Forme ou la Nature active.
3	C	*UNION*	l'Union ou la Nature moyenne.

LES FAMILLES DANS LES TRIANGLES ET LEURS OPPOSÉS DANS LES INTERVALLES.

D	*Artificium*	l'Artifice.
E	*Cœlum*	le Ciel.
F	*Elementum*	l'Elément.
G	*Meteorum*	le Météore.
H	*Minerale*	le Minéral.
I	*Planta*	la Plante.
K	*Brutum*	la Brute.
L	*Homo*	l'Homme.
M	*Angelus*	l'Ange.
N	*Vacuum*	le Vide.
O	*Privatio*	la Privation.
P	*Divisio*	la Division.
Q	*Impedimentum*	l'Empêchement.
R	*Spatium imaginarium*	l'Espace imaginaire.
S	*Corruptivum*	le Corruptif.
T	*Monstrum*	le Monstre.
U	*Semi-minerale*	le Demi-Minéral.
X	*Fungus*	le Champignon.
Y	*Zoophytum*	le Zoophyte.
Z	*Chimœra*	la Chimère.
&	*Cacodemon*	le Démon.

Le Chapelet dudit cercle est d'une couleur verte, où les petites perles rondes sont marquées seulement d'un A. B. C., et les petites ovales entre les ronds composés de propositions physiques sur la nature.

A	*Natura est rerum adunatrix*	La nature fait l'union des choses.
B	*Locum non Relinquit inanitati*	Elle ne donne point lieu au vide.
C	*Rebus procurat integritatem*	Elle procure l'intégrité des choses.
D	*Vis naturæ valida*	Sa force est puissante.
E	*Instinctu e docta magico*	Elle est guidée par un sage instinct.
F	*Amore versat universa*	Elle fait tout mouvoir par amour.
G	*Virtute pollet innatà*	Elle est douée d'une vertu intérieure.
H	*Nescit penitus otiare*	Elle n'est jamais oisive.
I	*Finem deliciis corona*	Elle couronne la fin de délices.
K	*Extremitates ambit creaturæ*	Elle environne toutes les créatures.
L	*Perennitatis semper avida*	Elle tend toujours à se perpétuer.
M	*Studet operum perfectioni*	Elle s'étudie à perfectionner ses ouvrages.
N	*In diversis processis diversa*	Elle agit différemment sur des sujets différents.
O	*Æqua parens cunctis*	C'est une mère équitable à tous.
P	*Ubique sibi consona*	Elle est partout la même.
Q	*Tenuibus auspicatur initiis*	Ses commencements sont fort petits.
R	*Per media graditur breviora*	Elle prend les plus courts chemins.
S	*Tendit pro viribus ad finem*	Elle tend à sa fin de toutes ses forces.
T	*Motu necessario non violento*	Par un mouvement nécessaire, mais non par force.
U	*Stat in ordine perpetua*	Elle ne fait jamais rien contre l'ordre.
X	*Inferiorem parit harmoniam*	Elle fait toute l'harmonie inférieure.
Y	*Vitiosos abhorret excessus*	Elle abhorre les excès vicieux.
Z	*Defectus patitur invita*	Elle ne souffre les défauts qu'avec peine.
&	*Ubi tandem impeditur ibi monstra*	Lorsqu'on l'empêche elle ne produit que des monstres.

CERCLE QUI RENFERME LES LOSANGES.

Ce cercle présente le monde moral ou chrétien ; il renferme dans trois losanges les trois fondements solides de notre monde chrétien; ses états dans ses carrés, et tous ses défauts dans les espaces mitoyens.

Voilà les fondements chrétiens dans les trois losanges.

(On trouve ce losange au côté droit du tableau.)

1 la lettre **A** et le mot *LEX* — la Loi
2 — **B** — *ECCLESIA* — l'Eglise.
3 — **C** — *EVANGELIUM* — l'Evangile.

DANS LES CARRÉS.

D *Innocentia* — l'Innocence.
E *Libertas* — la Liberté.
F *Virtus* — la Vertu.
G *Gratia* — la Grace.
H *Consilium* — le Conseil.
I *Beatitudo* — la Béatitude.
K *Sacramentum* — le Sacrement.
L *Donum* — le Pain.
M *Fructus* — le Fruit.

Voilà les défauts dans les espèces.

N *Effrenatio* — le Libertinage.
O *Hœresis* — l'Hérésie.
P *Antichristianismus* — l'Antichristianisme.

DANS LES ESPACES.

Q *Peccatum* — le Péché.
R *Servitus* — l'Esclavage.
S *Vitium* — le Vice.
T *Fomes* — la Concupiscence.
U *Tentatio* — la Tentation.
X *Maledictio* — la Malédiction.
Y *Censura* — la Censure.
Z *Induratio* — l'Endurcissement.
& *Fletus* — les Pleurs.

Ce cercle est aussi séparé de l'autre dont nous avons parlé auparavant, par un chapelet. Les perles ovales renferment les inscriptions de sentences morales sur la grace, et les petites perles rondes contiennent deux lettres majuscules AB, BC, CD, etc., ou par une couleur rouge.

AB *Gratia est cordium sincera* La grace unit sincèrement les
    conciliatrix   cœurs.

BC	*Absque gratia pietas inanis*	La piété sans la grace est une chose vaine.
CD	*Potestas gratiæ tota est in bonum*	Le pouvoir de la grace n'est que pour le bien.
DE	*Sola mentis tenebras illuminare potest*	Elle seule peut éclairer l'esprit.
EF	*Prælucet integræ libertati*	C'est le flambeau d'une sainte liberté.
FG	*Omnes movet, trahit volentes*	Elle touche tous les cœurs, et n'attire que ceux qui le veulent.
GH	*Ex se quidem efficax, otiosa vero per accidens*	Elle est par elle-même efficace, et ce n'est que par accident qu'elle est sans effet.
HI	*Obsequenti bene, væ reluctanti*	Heureux qui lui obéit; malheureux qui lui résiste.
IK	*Debita nemini, nemini pure negari gloriatur*	Elle n'est due à aucun, ni elle n'est refusée à personne,
KL	*Suscipientes se magnificat in Secula*	Elle glorifie à jamais ceux qui lui font accueil.
LM	*Gratia transit nisisi manet effectu completa*	Elle passe quand elle ne peut avoir son effet.
MN	*Gratiæ complementum in effectu filios discernit*	Sa perfection est de distinguer les élus dans ses effets.
NO	*Discretio gratiæ fit ex-æquo*	Quoiqu'accordée à différents degrés la grace est toujours juste.
OP	*Æquales gratiæ non semper effectus convertiunt*	Des graces égales n'ont pas toujours des effets semblables.
PQ	*Gratiæ conveniunt in unitate principii*	Toutes les graces ont un même principe.
QR	*Gratiæ ministerum in centro mysteri*	Le mystère de la grace est un mystère impénétrable.
RS	*Instrumentum Dei ad salutem animantum*	C'est l'instrument de Dieu pour le salut des ames.
ST	*Gratiæ finis unum necessarium*	La fin de la grace est la chose nécessaire uniquement.
TU	*Gratia necessitate ordinis necessaria*	Elle est nécessaire dans l'ordre de sa conduite.
UX	*Ordo gratiæ totus in harmonia*	Sa conduite est toute harmonieuse.
XY	*Harmonia gratiæ longe superat naturalem*	L'harmonie de la grace surpasse celle de la nature.
YZ	*Excessu deficitur et defectu exceditur a gratia*	L'excès et le défaut font perdre également la grace.
Z&	*Defectus fidelitatis vel minimus gratiæ adversatur*	La moindre infidélité est opposée à la grace.
A&	*Tandem ut in chao natura sic operatur gratia in arbitrio*	La grace opère sur la liberté comme la nature sur le chaos.

CERCLE

QUI RANFEERME TROIS SOLEILS, DES ROUELAUX ET DES PETITS CERCLES REMPLIS
D'IMAGES.

Ce cercle est aussi marqué (quand le tableau est colorié)
par les rouleaux de couleur rose, et les trois soleils d'or. Cette
sphère représente tous les mystères du monde divin ou la sacrée théologie tant hébraïque que chrétienne, d'après l'ordre
suivant :

1° Entre les mystères du christianisme, on voit briller d'a-
bord sous un triple soleil ardent, la divinité dans ses trois
supports.

א A *Monas a activa*
   l'Unité active.
ב B *Monas passiva activa*
   l'Unité passive.
ג C *Monas passiva*
   l'unité annonciatrice.

ou

Deus Pater
Dieu le Père.
Deus Filius
Dieu le Fils.
Deus Spiritus Sanctus
Le Saint-Esprit.

2° Dans les petits cercles on voit :

D *Processio*   les Processions.
E *Personalitas*   les Personnalités.
F *Relatio*   les Relations.
G *Natio*   les Nations.
H *Circum insessio*   la Circumsession.
I *Creatio*   la Création.
K *Providentia*   la Providence.
L *Judicium*   le Jugement.
M *Consummatio*   la Consommation.

3° Dans les rouleaux sont les mystères de la théologie hébraïque sous les noms de Dieu cabbalistiques : ayant onze
autres noms de Dieu à leur côté, différents par le nombre des
lettres qui le composent, vous avez ensuite leurs titres, attributs
ou séphiroths, les ordres des esprits bienheureux et les intelli-
gences qui président aux sphères du monde sensible; et le
tour dans l'ordre qui suit :

	LES NOMS DE DIEU CABALIS-TIQUES.	LES NOMS DE DIEU SELON LE nombre de lettres en hébreu	LES SPIROTHS.	LES ORDRES DES BIEN-HEUREUX	LES INTELLI-GENCES DES SPHÉRES	MS
א N	*Ehje]* Je serai	*I* Moi	*Kether* Couronne.	Haccodesch hajoth , Seraphius, saints animaux	*Millatron* Prince du monde	ד ע ח
ב O	*Jehova I* Être des êtres, moi.	*El Jah* Dieu, Être de soi.	*Hochma* Sagesse.	*Ophannim* Chérubins roues	*Ratsiel* Courrier de Dieu	ב ו
ג P	*Elohim Jehova,* Dieu, être d.êtres	*Jeschou Schaddai,* Jésus toutpuissant	*Bina* intelligence	*Erelim* Trônes puissant.	*Tsaphkiel* Contemplation de Dieu.	צ
א Q	*El* Dieu	*Jehova* Être des êtres	*Hesed* Libéralité	Haschmalir. Domina ions étincelantes	*Tsadkiel* Justice de Dieu	ר ק
ב R	*Gibbor Elohim* Fort Dieu	*Jeheschouha elohim Elyon* Sauveur Dieu Très-Haut	*Geboura* Force	*Seraphim* Puissances enflammées	*Sammael* Punition de Dieu	ח י
ג S	*Eloah* Dieu	*El gibbor* Dieu fort	*Tiphereth* Beauté	*Melachim* Vertus Rois	*Michael* Semblable à Dieu	ט ש
א T	*Sebaoth Jehova,* Seigneur des armées	*Araritha* Immuable	*Netsah* Victoire	*Elohim* Principau-tés Dieux	*Hanniel* Grâce de Dieu	ת
ב U	*Tsebaoth Elohim* dieu d armées	*Uedahath Jehova* science d. Dieu	*Hod* Louange	elohim bene *Arcanges* Enfants d. dieu	*Rephael* Médecine de Dieu	כ ד
ג X	*Schaddai* Tout-puissant	*Tsebaoth jehova,* Seigneur des armées	*Jesod* Établisse-ment	*Kerbubim* Anges comme des enfants	*Gavriel* Homme-Dieu	ל ם
א Y	*Adonai* Seigneur	*Tsebaoth Elohim* dieu d. armées	*Malchouth* Royauté	Ischim, Ames bienheu-reuses, Hommes	*Millatron* Messie	נ ם
ב Z	*Makom* Lieu					נ ף
ג	*Agla* Dieu Uni-Trinité	Haccodesch Verouah Ben Ab, St. Esprit et Fils, Père				ם ע ץ

Les Hébreux n'ont point de NOM de DIEU composé de douze lettres, parce que ce nombre passe chez eux pour imparfait, propre aux pécheurs et pénitents.

On fait encore mention, dans la Kabbale, des NOMS de DIEU de 42 et de 72 lettres. Il faut voir la-dessus les Kabbalistes.

Pour achever le nombre de douze, nous avons ajouté aux autres ces deux noms de Dieu, qui sont en effet des noms cabbalistiques, mais qui n'ont aucune correspondance avec les séphiroths.

Dans les deux derniers rouleaux, les plus profonds mystères de la nature divine et de la création sont représentés cabalistiquement sous certaines figures hiéroglyphiques dont voici le secret :

C'est l'esprit saint et sacré de Dieu, qui représente l'Unité adorable de la Divinité dans la majesté ineffable de son éternité, comme un centre dans son cercle, d'où procèdent toutes choses, par qui elles subsistent, dans lequel elles résident, et vers lequel elles aboutissent comme étant un principe éternel et mystérieux de l'existence absolue.

C'est le premier Rayon de la Tri-Unité divine, qui, sortant du fond de l'Éternité, représente le Père Éternel : C'est la source de la sagesse.

C'est l'esprit, Premier créé de l'Univers, issu du centre du Ternaire incréé comme un Rayon de son soleil, qui, comme un esprit émané d'un autre esprit, fait comprendre les Mystères de cette parole (*FIAT*, SOIT FAIT) en mettant le gage de l'Alliance de Dieu avec les anges et les hommes, au pouvoir de la langue, et dans la science de la voix, pour publier les merveilles de la sagesse divine, afin que nous soyons tous véritablement des dieux, et les enfants du Très-Haut, engendrés de la parole de Dieu par l'intelligence de son Verbe. C'est le premier char de cette lumière inaccessible.

C'est le nom ineffable de la Tri-Unité divine, symbole hiéroglyphique de la création, gravé par le doigt de Dieu dans tous les êtres, qui démontre l'union mystérieuse du créateur avec les créatures, par la lettre *He* ה, dernière de ce nom saint et terrible ; c'est lui qui nous découvre les 72 excellences de l'existence divine, et le fils de son entendement, ou le verbe de Dieu, c'est le ruisseau de l'intelligence.

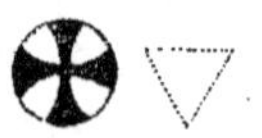 *C'est la nom Sacro-Saint-Mystique et adorable de la majesté du Verbe éternel qui manifeste la gloire de sa Divinité*, de son incarnation, passion et résurrection, nom au-dessus de tous les noms, donné aux hommes pour leur salut par l'ange du grand conseil, c'est le sanctuaire de la vérité cabbalistique.

 C'est l'eau céleste, ou le sulutratum Métaphysique du monde, sorti de l'esprit prototype. La mère de toutes choses qui, du binaire, produit le quaternaire; c'est le premier organe de la division de la multitude, du disparate, de l'opposition, de la discordance et de la contrariété qui se rencontrent dans les êtres. Tous ses mouvements tendent en bas, et de là vient qu'elle particularise les matières spéciales, et les corps de toutes choses, en leur donnant l'existence.

C'est l'évolution circulaire des émanations de la Tri-Unité éternelle sur le centre de l'Unité incréée, qui fait admirablement paraître la mystérieuse harmonie du monde dans le poids, le nombre et la mesure avec lesquels Dieu, par sa sagesse, a créé, compté et mesuré toutes choses; car le nombre consiste dans l'ordre et dans la mesure; la mesure, dans l'ordre et le nombre; et l'ordre, enfin, dans le nombre et la mesure. C'est pourquoi la loi de l'ordre, et l'ordre de la loi de Dieu et de la nature sont un sacrement pour l'ame immortelle qui doit accomplir au ciel et sur la terre la volonté de Dieu, qui est celle de la loi. C'est là cet Esprit Saint qui, remplissant toute la terre, communique à tout l'Univers le don de la parole, pour faire annoncer par les cieux la gloire de Dieu à toutes les nations, et manifester sa présence avec louange par toutes les créatures. Là est aussi le fleuve de la science.

 C'est le mystère hiérarchique de la lumière, et la matière radicale du *Feu* élémentaire, c'est le principe formel du soleil, de la lune, des étoiles, et de toute la vie naturelle. Cette lu-

mière primitive porte en haut tous les phénomènes de sa
vertu, parce qu'étant purifiée par l'unité de la lumière incréée elle s'élance toujours vers l'unité, dont elle emprunte
son ardeur.

C'est la constitution intérieure du ciel et
de la terre, ou la Tri-Une substance, la base
et le centre du quaternaire formel des éléments concrets ou corporels, d'où provien-
nent, par lesquels se meuvent, et dans lesquels retournent tous les mixtes. Enfin, c'est la matière
première des derniers corps, ou de la matière seconde, et
dont la triple vertu est cette chaîne céleste qui attire comme
l'aimant, et marie les vertus des cieux avec celles de la terre,
afin de réduire le ternaire par le moyen du quaternaire à la
simplicité de l'unité.

C'est l'arbre cabbalistique de la nature,
dont la racine, qui est le centre de la vie
formée du triangle de la lumière incréée,
pousse trois rayons de vie dont l'un porté à droite, et l'autre à
gauche, représentent la vertu vivifiante du zodiaque céleste, à
l'imitation du soleil, et le troisième, qui est droit au milieu,
réunissant la vertu des deux autres, qui sont à ses côtés, forme
par la vertu multiplicatrice de l'arche, le séminaire de la nature, pour vivifier la chair du corps terrestre par la vertu de
cette parole (*FIAT*, soit FAIT), et de ce commandement (*crois-
sez et multipliez*). Enfin, c'est ce limon mystique dont l'homme
animal fut formé par la main de Dieu, comme en fait foi ce
signe T△V, ou △, l'aleph cabbalistique, autrement le ternaire
sacré, l'ARCHETYPE de l'ame immortelle que l'homme portait
caché sur son front avant sa chute, tout entier et sans division, et uni dans le mystérieux TRISAGION de l'unité divine, ce
qui le rendait immortel, mais qui s'est rompu par sa chute,
et ensuite est demeuré ouvert ; d'où vient que, flottant depuis
dans l'instabilité du binaire de la matière, il éprouve tous les
jours la discorde et les contrariétés du quaternaire, dans le

quel il est tombé ; de là viennent les maladies , la corruption
et la mort ; mais l'incarnation de Jésus-Christ a réparé cette
perte par le sacrement de la régénération ; de même qu'il a
réparé sa passion par la gloire de la résurrection.

C'est la perfection de l'univers dans l'ouvrage mystique des six jours, où l'on as-
signe au monde le haut et le bas, l'orient
et l'occident, le midi et le septentrion ; ainsi ce hiéroglyphe
du monde en découvre les sept lumières dans les mystères
des sept jours de la création, car le centre du senaire fait le
septenaire sur lequel roule et repose la nature, et que Dieu a
choisi pour sanctifier son nom adorable. Je dis donc que la
lumière du monde sort du septenaire, parce que l'on monte
de lui au denaire, qui est l'horizon de l'éternité, d'où partent
et la puissance et la vertu des choses.

C'est la vertu du premier mobile du monde, ou le mouvement astral et continuel de
la nature. lequel imite le cours et la
perfection du cercle dans l'économie perpétuelle des géné-
rations ; car ce sont les cieux qui puisent dans les trésors
féconds des raisons seminales la régénération des individus,
afin qu'au moyen du grand ascendant de la monarchie du
monde les choses puissent imiter l'éternité, dont elles sont
sorties, par le firmament de leurs semences.

C'est l'esprit universel du monde, capable de produire toutes choses, qui,
par le moyen de l'azot, ou de l'ame du
monde, répand de tous côtés la vertu des semences, et insinue
la vie à tout, pour entretenir l'harmonie de l'économie du
monde. C'est lui qui renouvelle et régénère toutes choses, et
qui, poussant les vertus seminales de la circonférence au centre
du monde, et les ramenant du centre à la circonférence et
sur la face de la matière, joint les choses inférieures aux supérieures, et les célestes aux terrestres. Ainsi la génération n'est

autre chose que la descente de l'azot, ou le flux des semences.

C'est l'état individuel, extérieur et parfait de l'existence de chaque corps demeurant fixe dans son être et sur le cube de sa propre solidité, consistant dans le tempéramment des quatre qualités vitales des éléments qui le nourrissent, l'accroissent et le conservent dans son être corporel : ce sont, dis-je, les quatre mères des choses naturelles, c'est-à-dire les éléments d'où sortent et où retournent généralement tous les mixtes ; ainsi la mort et la corruption des choses naturelles n'est autre chose que le retour de l'azot ou le reflux des semences.

Au dessous de toutes ces figures, ce cercle du monde divin a pareillement son alphabet, trois lettres dans son chapelet théologique, en couleur jaune ou or. Ainsi :

ABC *Non in multitudine bonorum creatorum stat vera beatitudo.* — La vraie béatitude ne consiste pas dans la multitude des biens créés.

BCD *In summo tantum bono, qui Deus est solida potest esse felicitas.* — La solide félicité ne peut se rencontrer que dans le souverain bien, qui est Dieu.

CDE *Sola Dei visione non videtur integrari posse beatitudinis essentia.* — L'essence de la béatitude ne paraît pas complète dans la seule vision de Dieu.

DEF *Intellectus et voluntas sunt beatitudinis capaces essentialis.* — L'entendement et la volonté sont capables de la béatitude essentielle.

EFG *Charitas viæ visione donatur in patria superadditæ beneficio virtutis.* — La charité de cette vie est récompensée dans l'autre de la vision de Dieu, par le moyen d'une vertu nouvelle.

FGH *Virtus hæc amantissima potentias concinnat beatudinis actibus.* — Cette aimable vertu accorde toutes nos puissances par les actes de la béatitude.

GHI *Virtus operationi tantæ requisita lumen gloriæ nuncupatur.* — Cette vertu requise pour une si noble opération, se nomme lumière de *gloire*.

HIK *Lumen gloriæ præstatur huic operationi ad mensuram gratiæ.* — La lumière de *gloire* se donne pour cette opération selon la mesure de la grâce.

IKL *Quam immensa dulcedo gloriæ æternitati deinceps coæxtitura.* — Oh ! combien est grande la douceur de la gloire qui doit durer autant que l'éternité.

KLM *Cuique sufficiet abunde gloriæ suæ perennitas et perfectio.* — A chacun suffira pleinement l'excellence et l'éternité de sa gloire.

LMN. *Æternitatem gloriæ scite discriminat in singulis intansio.* — L'éternité de la gloire est sagement distinguée en chacun par la différence du degré.

MNO *Discretum gloriæ pondus perfectissima justitiæ liberat æqualitas.* — Une parfaite égalité de justice règle les différents degrés de la gloire.

NOP *In discrimine tanto justitia et pax sese Deo sculabuntur.* — La justice et la paix s'accorderont fort bien dans cette inégalité.

OPQ *Quæ regnabit in beatis æquitas summa, pacis erit origo perpetuæ.* — Dans l'admirable équité qui régnera parmi les bienheureux sera la source de cette paix inviolable.

PQR *Pacis ergo suavissimæ fons perennis in medio tui Jerusalem.* — Tu auras dans ton sein, Jérusalem, la source intarissable d'une très-délicieuse paix.

QRS *Principium beatitudinis facultas vitalis actus medium objectum Deus.* — Le principe de la béatitude est la faculté vitale, l'objet est Dieu; et le moyen est l'acte.

RST *Media fini tanto necessaria mundus moralis subministrat.* — Le monde moral fournit les moyens nécessaires pour une si noble fin.

STU *Suavi necessitate beati manet infinem ultimum rite ordinati.* — Les bienheureux sont inséparablement attachés à leur dernière fin par une agréable nécessité.

TUX *Inviolabilis ordo beatitudinis spirat æternum melos.* — L'ordre inviolable de la béatitude fait une éternelle mélodie.

UXY *Ordinem beatitudinis harmonicum firmat objecti præstantia.* — C'est l'excellence de l'objet qui maintient cet ordre harmonieux de la béatitude.

XYZ *Amaximo ad minimum regnat unanimitas in terra viventium.* — Il y a dans la terre des vivants une parfaite union d'esprit et de cœur depuis le plus petit jusqu'au plus grand.

YZ& *In statu consummationis isto nec excessu, nec defectu laboratur ullo.* — Dans cet état de consommation on n'y aperçoit ni excès, ni défaut.

Z&A *Regina felicitatis unitas litium inde vel umbras eliminat.* — L'unité, la reine de la béatitude, bannit de là les moindres ombres de différend.

&AB *Sic vita cœlitus in unitate solidis solidissima sima ducitur adversis penitus inaccessa.* — C'est ainsi que dans les cieux on vit dans une très-solide unité, à l'abri de tous les maux.

QUATRIÈME FIGURE DE LA DISTRIBUTION.

La quatrième figure de la distribution est un cercle plein de volumes, qui contient une distribution particulière (la der-

nière des naturelles) de l'univers dans chaque chose, distribution qui ne s'étend pas à toutes les choses, car leur nombre
excessif est au-delà de notre connaissance ; mais les plus si-
gnalées seulement, qui, pour quelque particularité remarqua-
ble, ont été mentionnées dans l'histoire, dont voici les principaux chefs rapportés dans l'ordre à peu près de cet univers.

L'HISTOIRE.

A	*Divinitatis*	de la Divinité.
B	*Creationis*	de la Création.
C	*Principiorum*	des Principes.
D	*Cœlorum*	des Cieux.
E	*Elementorum*	des Eléments.
F	*Meteorum*	des Météores.
G	*Mineralum*	des Minéraux.
H	*Plantarum*	des Planètes.
I	*Brutorum*	des Animaux.
K	*Hominum*	des Hommes.
L	*Angelorum*	des Anges.
M	*Artefactorum*	des Ouvrages.
N	*Impedimentorum*	des Obstacles.
O	*Portentorum*	des Prodiges.
P	*Providentiæ*	de la Providence.
Q	*Legum*	des Lois.
R	*Innocentiæ*	de l'Innocence.
S	*Libertatis*	de la Liberté.
T	*Virtutum*	des Vertus.
U	*Gratiæ*	de la Grace.
X	*Religionum*	des Religions.
Y	*Fabularum*	des Fables
Z	*Disciplinarum*	des Sciences.
&	*Miscellanea*	des Vérités altérées.

LA COURONNE D'ARCADE.

CINQUIÈME DISTRIBUTION ARTIFICIELLE.

La cinquième distribution est cette *Couronne d'Arcade* ornée.
On voit en elle une distribution artificielle qui, pour imiter et
renfermer les autres, partage l'univers entre les sciences (qui
ne sont dans l'esprit humain que les idées des choses repré-
sentées par ordre avec toutes leurs suites sous ces voûtes).
Nous allons en parler avec soin.

CINQUIÈME ASSEMBLAGE DE L'UNIVERS PAR CES DIX LIGAMENTS :

Affinitate quæ amicat	l'Alliance, qui concilie,
Proportione quæ concinnat	la Proportion, qui ajuste.
Sympathia quæ convertit	la Sympathie, qui tourne.
Pondere quod inclinat	le Poids, qui incline.
Voluptate quæ trahit	le Plaisir, qui attire.
Necessitate quæ ducit	la Nécessité, qui mène.
Ordine qui dirigit	l'Ordre, qui dirige.
Jure quod asserit	le Droit, qui assure.
Lege quæ sistit	la Loi, qui arrête.
Spiritu qui pene	l'Esprit universel, qui pénètre, qui environne et qui réunit.

DANS LES GRANDS RAYONS.

Il nous reste à présent à traiter de l'explication, qui est la direction à examiner en détail les lois, ou les maximes de la sagesse, qui sont gravées dans ces grands rayons, et qui semblent composer dans cette figure une couronne d'autant de pierres précieuses, qu'elles l'enrichissent de beaux emblêmes en cet ordre.

A	*Aspectus finis*	l'Attention à la fin.
B	*Binary rejectio*	le Rebut du binaire.
C	*Cultus triadis*	le Culte du ternaire.
D	*Descensus et ascensus*	Monter et descendre.
E	*Electionis discretio*	la Discrétion du choix.
F	*Fœderum religio*	le Respect des alliances.
G	*Grandus observantia*	l'Observance du degré.
H	*Hostium fuga*	la Fuite des obstacles.
I	*Idea directionis*	l'Idée de la conduite.
K	*Kabbalisticus auditus*	l'Intelligence du sens caché.
L	*Legalitatis studium*	l'Exactitude aux lois.
M	*Medy solertia*	l'Art du moyen.
N	*Nodi peritia*	la Science du nœud.
O	*OEconomia cognitionis*	l'Economie de la connaissance.
P	*Perspectiva transcendentium*	la Perspective du transcendant.
Q	*Quærendi sagacitas*	l'Adresse de chercher.
R	*Rationum inspectio*	l'Examen des raisons.
S	*Secretum mistionis*	le Secret du mélange.
T	*Tinctura specificationis*	la Teinture de spécification.
U	*Usus applicationis*	l'Usage de l'application.
X	*Xystus adeptionis*	la salle de l'acquisition.
Y	*ΤΕΙΑ mentis*	la Santé de l'esprit.
Z	*Zelus sinceritatis*	le Zèle de la sincérité.
&	*Et securitas humilitatis*	et la Sûreté de l'humilité.

Où on arrive par ces dix degrés, qui sont :

La Foi.	L'Oraison.
La Méditation	La Conjonction.
La Connaissance.	La Répétition.
L'Amour.	La Familiarité.
L'Espérance.	La Ressemblance.

C'est à ces maximes ou à ces lois de la sagesse qu'il faut rapporter :

Signes des zodiaques et les questions.

Les *signes du zodiaque*, parce que toutes les *questions* qui leur sont attribuées regardent l'adresse de chercher, et roulent toutes autour de deux pôles (qui sont auprès du triangle de la terre), dans le même ordre que les raisons instructives.

Mais afin d'avoir mieux en main la correspondance des questions et des réponses, nous avons jugé à propos de répéter ici les raisons instructives, ou les *objets* des questions.

	LES SIGNES DU ZODIAQUE sont dans les demi cercles attachés aux points des rayons du soleil du milieu			LES QUESTIONS sont entourées des signes du zodiaque.		LES OBJETS se trouvent au coin de chaque rayon dans l'intérieur du soleil et qui se prolonge vers le centre.	
	le premier pole	✳		savoir si ?		la possibilité	
1	le belier	♈	A	quoi ?	*quid ?*	la quiddité	*quidditas*
2	le taureau	♉	B	de qui ?	*a quo ?*	l'origine	*originalitas*
3	les gémeaux	♊	C	à qui ?	*cujus ?*	le rapport	*respectus*
4	l'écrevisse	♋	D	de quoi ?	*ex quo ?*	la matérialité	*materialias*
5	le lion	♌	E	par quoi ?	*per quid ?*	la formalité	*formalites*
6	la vierge	♍	F	à quoi ?	*ad quid ?*	la finalité	*finalitas*
7	la balance	♎	G	combien ?	*quantum ?*	la quantité	*quantitas*
8	le scorpion	♏	H	quel ?	*quale ?*	la qualité	*qualitas*
9	le sagittaire	♐	I	quand ?	*quando ?*	le temps	*temporalitas*
10	le capricorne	♑	K	où ?	*ubi ?*	le lieu	*localitas*
11	le verseau	♒	L	comment ?	*quomodo ?*	la manière	*modalitas*
12	les poissons	♓	M	avec quoi ?	*cum quo ?*	l'accompagnement	*concomitantia*
	le second pole	✳		pour quoi ?	*quare ?*	la raison	*rationalis*

Chœur des Planètes et lës Marqués.

Le *chœur* des *planètes*, parce qu'elles portent les flambeaux de l'interprétation, qui dépendent de l'intelligence du sens caché, et découvrent les secrets du discours par le sens des paroles, et comme il y en a de sept sortes, ils sont ici *marqués* par autant de planètes, savoir :

Marques par des Planètes.

	le sens			ou		par		
1		N	naturel		la nature		☽	la Lune
2		O	littéral		la lettre		☿	Mercure
3		P	allégorique		l'allégorie		♀	Vénus
4			adapte	ou	l'application	par	⊕	le Soleil
5		Q	moral		la moralité		♂	Mars
6		R	anagogique		l'anagogie		♃	Jupiter
7		S	figure		la figure		♄	Saturne

LES MARQUES DÉS ASPÉCTS

ET DES NOEUDS ÉCLYPTIQUES, PLACÉS ENTRE LES PLANÈTES, SAVOIR :

					des raisons dans		opéra-tions
✳ △	T	la conjonction	par ceux-ci on admet	l'unité		la première	
	U	le sextil		la dualité		la deuxième	
	X	le trigone		ternaire		la troisième	
▯	Y	le quadrat	par ceux-là on rejette	l'excès		le quaternaire	
☿	Z	l'opposition		fausseté		la contradiction	
☊ ☋	&	la tête / la queue } du dragon		la faute		l'obscurité	

Enfin, les caractères des nombres et lettres qui regardent le ecret du mélange, de même que ces chapelets qui sont au-dessous de chaque monde, et renferment plusieurs beaux axiomes sur la NATURE, sur la GRACE, et sur la GLOIRE.

C'est donc en examinant soigneusement ces quatre points cardinaux du monde : la DIRECTION, la CONSTITUTION, la DISTRIBUTION, l'ASSEMBLAGE *objectivement* et *sub-*

jectivement, généralement, spécialement et *particulière-ment* que nous avons tâché de développer le mieux qu'il nous a été possible tout ce vaste univers. Cette évolution semble former un système assez raisonnable de la science univ erselle.

Et comme le capital d'une science consiste dans la parfaite connaissance de son objet ; ainsi qu'on l'a pu remarquer dans la science générale, par l'évolution de ces quatre points cardinaux, signifiés allégoriquement par les quatre extrémités du corps crucifié de Jésus-Christ, lorsque nous travaillons un jour d'après cette idée, en espérant de rendre la fille plus semblable à la mère, et que nous contemplons notre modèle ordinaire, qui était devant nos yeux, il nous semble que les parties du crucifix nous marquaient fort à propos, et par un rapport assez juste, autant de points capitaux, qui peuvent composer le système de la science particulière dans un ordre si égal et si uniforme, que toutes les choses inférieures et particulières répondent parfaitement aux supérieures et aux générales, et n'en diffèrent que par leur seule spécification, car il nous semble donc qu'on pouvait fort bien représenter par sa poitrine.

sa tête la fin de la science qui répond fort bien à *la direction*
sa main droite la nature de l'objet qui répond fort bien à *la constitution*
l'objet de la science qui répond fort bien à *l'Univers*
sa main gauche la condition de l'objet qui répond fort bien à *la distribution*
ses pieds le système de la science qui répond fort bien à *l'assemblage*

C'est donc pour réduire sur ce modèle, autant que nous pourrons, toutes les sciences particulières à l'uniformité d'un seul et même ordre, que nous avons dressé ce cercle, composé de plusieurs arcades, sous lesquelles nous avons représenté en camaïeu les principales, qui partagent entre elles l'univers en autant d'objets différents, et les y avons rangées encyclopédiquement de cette sorte :

Au sommet de chaque voûte ou arcade, on voit écrit en grosses lettres LE NOM DE LA SCIENCE.

Au milieu de l'arcade, sous le visage d'une
eune fille, est représentée   **L'IMAGE**

Elle est accompagnée de deux personna-
ges, dont l'un est   **L'AUTEUR**

L'autre, qui lui est attribué par un motif
de piété, est comme   **LE PATRON**

Si ce n'est, comme il arrive quelquefois, qu'un même personnage porte en même temps la qualité d'auteur et de
patron ; car on lui donne alors pour compagnon quelqu'un
de ceux qui ont davantage cultivé cette science. C'est toujours
quelque saint personnage, qui, par sa profession particulière,
ou par le rapport et l'analogie de sainteté, ou de quelqu'une
de ses actions, semble avoir plus honoré cette science, afin
qu'il n'y en ait pas une qui ne porte quelque caractère de
piété toujours bienséant à un chrétien.

Dans le rayon droit du milieu qui
paraît au-dessus de la voute, on
voit   **LA FIN**

La circonférence intérieure de la
voûte, au-dessous du nom, est la
définition de l'objet formel qui fait
voir sur l'univers   **LE REGARD**

Le demi-cercle du milieu dans
lequel se trouve un écusson, fait
paraître   **L'OBJET**

Nota. Relativement aux quatre petits
demi-cercles placés aux deux côtés de
celui qui renferme un écusson, nous
prévenons que nous ne pouvions pas
insérer les inscriptions dans notre
dessin, elles n'eussent pas été assez
lisibles, et nous avons préféré les
donner par l'impression typographique
dans notre explication où l'on trouve
dans les tableaux suivants :

Les deux petits demi - cercles
blancs qui précèdent à droite de

celui qui renferme un écusson, représentent

    le premier représente   **LA NATURE**
    le second   LES PRINCIPES) de l'objet
     LES PARTIES)

Les deux petits demi-cercles qui
suivent du côté gauche, représentent   **LA CONDITION**

    le premier représente   LES PROPRIÉTÉS) de
    le second   LES ESPÈCES) l'objet

Les six rayons ondoyants qui
sont au-dessus de la voûte, sont   **LES ESPÈCES**

L'image de la science assortie de
ses symboles et instruments, représente   **LE SYSTÈME**

Les écussons enfin qui, pour faire
le dèrnier ornement de tout, sont
insérés dans le front de chaque
voûte, contiennent   **LES ARMOIRIES**

    } de la science

lesquels font connaître, par autant de croix différentes, et
par les instruments particuliers de la passion de Jésus-Christ,
que toutes ces sciences sont entièrement consacrées au
Seigneur souffrant, et distinguent, par ces yeux et ces mains,
les sciences spéculatives d'avec les pratiquées, et montrent
enfin, par toutes ces pièces et par les autres qui les composent, les premiers éléments de l'art du blason.

C'est donc sur ce pied que doit marcher cette encyclopé-
die chrétienne, pour ouvrir de tous côtés un chemin facile à
chaque science, et pour en abréger les difficultés et les lon-
gueurs.

Mais pour éviter l'embarras qui pourrait naître de leur multitude, nous avons logé quatre d'entre elles plus honorable-
ment dans les principales places, parce qu'elles sont comme
les mères et les reines des autres, ainsi vous voyez :

A droite du Tableau, du côté où
le soleil est marqué par **la lettre A,**

on trouve   LA MÉTAPHYSIQUE

A gauche, du côté où le soleil est marqué par la lettre B, on trouve   LA MORALE

En bas, du côté où le soleil est marqué par la lettre F, on trouve   LA PHYSIQUE

En haut   L'IDÉHOLOSOPHISCIE

La MÉTAPHYSIQUE a à gauche { LA PNEUMATIQUE / LA THÉOLOGIE

La MORALE a à droite { LA JURISPRUDENCE / LA POLITIQUE

La PHYSIQUE a quatorze sciences

les sept arts libéraux à sa droite :
- LA GRAMMAIRE
- LA LOGIQUE
- L'ARITHMÉTIQUE
- LA GÉOMÉTRIE
- LA COSMOGRAPHIE
- LA MUSIQUE
- LA PERSPECTIVE

les sept arts mécaniques à sa gauche :
- LA GÉORGIQUE
- LA TEXTORIA
- L'ARCHITECTURE
- LA VÈNERIE
- LA MILICE
- LA MARINE
- LA MÉDECINE

L'IDÉHOLOSOPHISCIE a à ses côtés ses plus nobles instruments { à gauche RHÉTORIQUE / à droite MAGIE.

Voici les classifications des hautes sciences par ordre systématique, mais nous avons réfléchi qu'il y aurait une grande difficulté pour l'intelligence d'un côté à l'autre du tableau. Pour éviter ces désagréments, nous avons ajouté un tableau qui concerne les inscriptions de toutes les voûtes ou arcades, demi-cercles, rayons, etc., etc., par ordre alphabétique, comme elles se suivent l'une après l'autre sur notre dessin.

Voilà le guide qui peut servir pour parcourir alphabétiquement les sciences qui se trouvent dans les dessins qui entourent
les autres cercles desquels nous avons parlé auparavant, et
qui forment une espèce de couronne à l'extérieur de cette
partie.

Nous ajoutons quelques mots concernant la RHÉTORIQUE
chrétienne, et la MAGIE divine. Pour rendre notre dessin
complet, nous avons mis les noms des auteurs et patrons, et,
consciencieusement parlant, ces deux sciences viennent du
ciel même, pour nous enseigner, l'une à prier saintement,
l'autre à opérer plus noblement.

C'est sur ces deux aîles de SÉRAPHIN que toutes les choses
de l'univers s'élèvent *cabbalistiquement* par Jésus-Christ jusqu'aux délices explicables de Dieu même, et qu'on s'envole
heureusement dans son sein pour s'y reposer. C'est le plus
haut degré de perfection.

L'ESSOR DE L'ESPRIT

POUR S'ÉLEVER DES CRÉATURES, ET ALLER PAR JÉSUS-CHRIST SE
REPOSER EN DIEU.

L'idée de notre sagesse universelle a paru jusqu'à présent
vraiment chrétienne, lorsqu'en descendant fort exactement
des premières parties de l'univers jusqu'aux dernières, elle
les a considérées toutes comme compliquées en Jésus-Christ ;
elle va maintenant paraître chrétiennement cabbalistique, et,
en montant des plus basses aux plus hautes, contempler avec
respect Jésus-Christ à son tour, et l'honorer comme représenté par ses vertus dans toutes ces mêmes Choses.

Après donc nous avoir fait découvrir par la FOI, connaître
par la raison, et pénétrer par l'entendement la présence adorable de ce Dieu-homme, elle tâche de nous le représenter ou
dans sa réalité, ou dans son image, ou dans son opposition,
pour nous le faire goûter en esprit dans toutes choses et de
toutes les manières.

Elle nous le représente dans sa réalité par sa propre nature, soit par son humanité, qui le fait communiquer avec toutes les créatures, soit par sa divinité, qui le rend intimement présent à toutes choses et en tous lieux, par son immensité.

Dans son image, elle nous le représente mystiquement, ou par quelqu'allégorie, ou par quelque moralité, ou par quelque analogie.

Enfin, dans son opposition, elle nous le représente ou sous quelque antithèse, ou sous quelque disproportion.

Les bons principes de la nature.

Ainsi, pour commencer par le plus bas étage de l'univers, elle nous apprend à contempler, dans *les premiers principes de la nature*, les principes qui établissent immédiatement Jésus-Christ dans son être, savoir :

Dans LA MATIÈRE, son humanité soumise à sa divinité.

LA FORME, sa divinité qui préside à son humanité.

L'UNION NATURELLE, son union hypostatique.

Les opposés des principes de la nature.

Mais dans les opposés, ou défauts de tout ceci, elle nous en donne une image bien différente, car elle nous découvre dans les opposés :

Dans LE VIDE, l'anéantissement de sa majesté sous la forme de servitude.

LA PRIVATION, la rigueur inconcevable de l'abandonnement de son père en la croix.

LA DIVISION, la séparation violente de son ame d'avec son corps, par la mort.

Les bonnes familles de la nature,

Elle nous découvre ses plus beaux attributs, savoir :

Dans L'ARTIFICE, la sagesse de son art tout divin.

LES CIEUX, l'étendue de sa charité, qui ne veut pas qu'aucun périsse.

LES ÉLÉMENTS, les plus excellents de ses vraies morales.

LES MÉTÉORES, les organes de sa double providence.

LES MINÉRAUX, les richesses et les ornements de sa maison.

LES PLANTES, la fleur de sa beauté, et les fruits de sa bonté.

LES ANIMAUX, la tendresse et la sensibilité de son amour.

LES HOMMES, la sublimité de sa raison.

LES ANGES, la sublimité de son intelligence.

Les défauts des familles de la nature.

Dans L'EMPÊCHEMENT, les contradictions qu'il a souffertes de la part des pécheurs.

L'ESPACE IMAGINAIRE, l'abîme impénétrable de ses douleurs en sa passion.

LE CORRUPTIF, sa laideur effroyable, et semblable à celle d'un lépreux, causée par ses plaies.

LE MONSTRE, la figure horrible de pécheur, dont il s'est revêtu.

LE DEMI-MINÉRAL, les extrémités de sa très-haute pauvreté.

LE CHAMPIGNON, ses extrêmes mépris, et ses abaissements profonds.

LES ZOOPHYTES, son silence admirable, et les innocents défauts de son humanité.

LA CHIMÈRE, les blasphêmes des impies, et les rêveries des mécroyants sur lui.

LE DÉMON, la puissance des ténèbres, et la guerre du péché contre lui.

LES FONDEMENTS DE LA MORALE.

Puis, se levant du plus bas des choses à leur moyenne région, elle nous fait voir Jésus-Christ dans les fondements de la morale :

Dans LA LOI, promise, figurée et attendue.

L'ÉGLISE, établie de Dieu, prêtre et roi.

L'ÉVANGILE, donné et manifesté.

Les opposés des fondements de la Morale.

Dans les opposés de ces choses, qui sont tous les maux de la morale, elle nous propose son extrême douceur à supporter nos défauts, et les tristes effets de sa juste colère, et de sa haine redoutable, car elle nous le fait voir :

Dans LE LIBERTINAGE, attendant les méchants à résipiscence.

L'HÉRÉSIE, rappelant les dévoyés au giron de l'Église.

L'ANTICHRISTIANISME, éclairant tous les hommes à salut.

Les divers états de la morale

Nous montrent ses perfections :

Dans les états DE L'INNOCENCE, son impeccabilité.

DE LA LIBERTÉ, la rectitude et l'intégrité de son franc arbitre.

DE LA VERTU, l'alliance héroïque de toutes les vertus en lui.

DE LA GRACE, la plénitude, l'empire, et l'efficacité de sa grace.

DES CONSEILS, l'excellence de sa vie parfaite.

DES BÉATITUDES, les sublimes et difficiles voies de sa vie sur-éminente.

Dans les états **DES SACREMENTS,** les inventions admirables de son amour et de sa sagesse.

DES DONS, son inclination inépuisable à faire le bien.

DES FRUITS, les douceurs et ses délices ineffables.

Les états opposés de la morale.

Dans les états DU PÉCHÉ, miséricordieux à pardonner.

DE L'ESCLAVAGE, invitant au repos ceux qui sont chargés et fatigués.

DU VICE, appelant les pécheurs à la pénitence.

DE LA CONCUPISCENCE, nous la laissant à combattre pour exercice.

DE LA TENTATION, nous éprouvant pour nous couronner.

DE LA MALÉDICTION, nous menaçant pour nous effrayer.

DE LA CENSURE, nous châtiant pour nous convertir.

DE L'ENDURCISSEMENT, abandonnant le pécheur à l'impénitence.

DES PLEURS, implacable dans ses vengeances.

Du monde théologique.

Enfin, de cette région moyenne elle monte à la suprême pour y considérer les plus hauts mystères du monde théologique ou divin, et nous faire adorer particulièrement dans les mystères chrétien , savoir :

L'unité de *la Divinité*	la communication de Jésus-Christ à toute l'essence divine.
La dualité *des Processions*	la primauté de son origine à l'égard du Saint-Esprit.
La trinité des *Personnes*	sa condition mitoyenne, sa splendeur de verbe et d'image.

Le quaternaire *des Relations* — ses titres inexplicables de produit par génération, et de produisant par spiration.

Les cinq *Notions* — ses caractères honorables de filiation et de spiration active.

Le sixain de *la Circum Insession* — la réciprocation mutuelle d'une secrète imminence.

Le septenaire de *la Création* — son jeu dans le monde à régler avec Dieu toutes choses.

L'octave de la création, *qui est la Providence* — la force et la douceur de ses dispositions dans la conduite de l'Univers.

La neuvaine, ou *la Nouveauté du jugement final* — la certitude et la vivacité de son discernement à pénétrer toutes choses.

La dizaine, ou *la Généralité de la consommation des choses* — les embrassements et le parfait accord de sa justice avec sa miséricorde dans l'équité des rétributions. Enfin, l'éminence de sa gloire à la droite de son père, et son règne sans fin sur toutes créatures.

Dans les mystères mosaïques (qui, sous les principaux noms de Dieu, et sous les dix attributs qu'ils nomment séphiroths, comprennent toute la cabbale, ou théologie des Hébreux), elle nous fait admirer Jésus-Christ particulièrement dans les séphiroths, savoir :

La Couronne, — *séraphins,* sur le premier mobile, pour donner l'ordre à toutes choses.

La Sagesse, — *chérubins,* sur le firmament, pour démêler le chaos.

L'Intelligence, — *trônes,* sur la sphère de Saturne, pour donner la forme à la matière indéterminée.

La Libéralité, — *dominations,* sur la sphère de Jupiter, pour former la diversité des corps.

La Force, — *puissances,* sur la sphère de Mars, pour produire les éléments.

comme influant, par l'ordre des

La Beauté, — *vertus,* sur la sphère du soleil, pour forger les métaux.

La Victoire, — *principautés,* sur la sphère de Vénus, pour faire germer et fleurir les plantes.

La Louange, — *archanges,* sur la sphère de Mer-

<table>
<tr><td></td><td>cure, pour engendrer les animaux.</td></tr>
<tr><td>L'Établissement,</td><td>anges, sur la sphère de la lune, pour gouverner les hommes.</td></tr>
<tr><td>La Royauté,</td><td>ames bien heureuses, sur la sphère des éléments, pour inspirer la science aux hommes.</td></tr>
</table>

Ne vous étonnez pas maintenant de notre sagesse universelle à passer si légèrement sur toutes ces matières, c'est pour ne pas vous ennuyer par la longueur des exemples, qu'elle ne fait qu'effleurer doucement les principaux points de ces trois mondes, afin de vous laisser le plaisir et la liberté de vous égayer à parcourir succinctement vous-même les autres parties de la figure, et de vous y arrêter tant qu'il vous plaira, pour y remarquer partout Jésus-Christ, et sous toutes les manières qui y sont expliquées. Jugez quelle prodigieuse et abondante maison de méditation de toutes sortes.

Vous vous excuserez peut-être, mais en vain, sur la stérilité de votre esprit; sur le défaut d'une matière présente; et sur le manque de livres, ou d'études, car voici le grand livre de l'Univers qu'on vous présente sur la Croix; vous vous plaignez qu'il est fermé il est vrai, mais il s'ouvre aisément de lui-même, sans qu'aucun le puisse fermer, à celui qui cherche à le lire avec soin, et dans une grande simplicité de cœur.

Approchez-vous donc, qui que vous soyez, avec amour et sincérité, approchez-vous avec un cœur plein de désirs, venez avec la qualité de disciple de Jésus-Christ, et vous approchez de cette sacrée poitrine, qui fait le centre de l'Univers compliqué, vous y trouverez une pépinière de contemplation infinie.

Vous cherchez peut-être par où entrer, levez les yeux à cet auguste chef! c'est le phare assuré de toute notre conduite, prenez cette lumière pour considérer et ses mains, et ses pieds, sa droite vous mènera aux sources des choses et des sciences; sa gauche vous conduira, par tous leurs états, leur

genres, leurs espèces, leurs individus et leurs images ; ses
pieds vous feront voir les liens qui font l'assemblage et l'union
des choses, où tend et aboutit tout l'Univers.

Mais après que vous aurez considéré toutes ces choses depuis les premières jusqu'aux dernières, suivant les lois et les
maximes de la sagesse, sous la favorable conduite de Jésus-
Christ crucifié, retournez sur vos pas, et remontant jusqu'aux
plus hautes, remarquez-y partout Jésus-Christ que toutes ces
choses nous font connaître en tant de manières, et admirez de
voir que celui qui vous a découvert toutes choses se rencontre
partout lui-même, et soit réciproquement découvert par toutes
choses ; d'où il faut conclure qu'autant qu'il y a de choses dans
l'Univers, ce sont autant d'oratoires propres à la contemplation, et autant de laboratoires d'une très-haute sagesse, où
l'on peut étudier en priant, et prier en étudiant.

C'est là que dans une oraison chrétiennement cabbalistique,
une ame fidèle aperçoit en tout son bien-aimé par la pensée,
qu'elle l'y trouve par le jugement, et l'y comprend par le rai-
sonnement.

C'est là qu'en suite, par une opération divinement magique,
elle l'embrasse en tout par un sentiment spirituel, l'y chérit
d'un cœur épuré, et l'y goûte de tout son esprit, et que s'éle-
vant sur ses deux ailes de séraphin, elle s'envole par le moyen
de son bien-aimé dans le sein du père éternel, pour y jouir d'un
délicieux repos, qui passe tout ce qu'on en peut dire ou
penser.

Toutes ces choses étant ainsi bien conçues et démêlées, il
ne manquait plus pour couronner notre idée de la sagesse
universelle, que de dresser sur le plan de son explication la
méthode complète de la science, pour traiter avec ordre, et
expliquer de toutes les manières convenables les objets de nos
connaissances qui sont renfermées dans cet ouvrage, c'était
une chose de grande étude, et aussi difficile que nécessaire à
trouver.

Voici la science universelle, ou SAPIENTIA GÉNÉRALIS, c'est le vrai indicateur, pour les fidèles chrétiens, de s'élever et aller par Jésus-Christ se reposer en Dieu.